habitan ciervos

habitan ciervos

David Roldán Eugenio

Maclein y Parker

PRIMERA EDICIÓN: septiembre 2024

© **DEL TEXTO:** David Roldán Eugenio, 2024

© **DE LA EDICIÓN:** Maclein y Parker, 2024
Pasaje Lagunas de Ruidera, 6
41701 Dos Hermanas, Sevilla
www.macleinyparker.com

EDICIÓN Y CORRECCIÓN: Maclein y Parker

DISEÑO COLECCIÓN Y MAQUETACIÓN: Antonio Abad (Maclein y Parker)

IMPRESIÓN: Estilo Estugraf Impresores, S.L.
Impreso en España / *Printed in Spain*

ISBN: 978-84-126927-7-8
DEPÓSITO LEGAL: SE-1976-2024

A Sara y a Adolf:
porque una vez os vi jugando
entre los ciervos de Highland Park

ciervo:
del lat. *servus*
1 m. y f. el que deja vivir   el que construye la casa
2 m. carlos omeya

habitan ciervos:
del lat. «quo usque tandem ignorabitis vires vestras?»
tr. «¿hasta cuándo seguiréis ignorando vuestra fuerza?»
retó el cónsul romano marco manlio en el siglo IV a.C.

Papá, tú querías un hijo y
en cambio
te nació esta cabeza

MÓNICA OJEDA

No somos de lo que queda somos
de lo perdido.
Haberlo entendido antes.

JULIETA VALERO

elegías de mí

melocotones
hendidos
en el hueso de la hormiga
¿fueron mis padres pulpa o penitencia?

nadaba en el lago muerto de frío
y verde por las algas
que mastican las bocas de los peces

desde lo alto del acantilado
los padres velaban el chapoteo
y la tormenta que se me echaba encima

madurar era ver la lluvia sobrevenida
en la ausencia del pájaro

la niñez   habitar el agua
descubrir el pájaro en el fondo
ahogar al padre y a la madre
ser libre
a la intemperie

¿habéis visto?
matar a la familia
es así de fácil

echar perros hambrientos
al poema

el pájaro migra
en homenaje
a los peces que sobrevuela

solo él sabe
que una elegía es
la primera espina en la garganta

en el bosque
una mujer da a luz
una risa que esparce pájaros

la nuez
al caer

un sonido similar al braceo del niño
en la placenta de la madre

sobre la hierba
se escucha el golpecito
el melindre del nado en el vientre

el hueco espera una tentación fuera
para estallar

nacer es la primera incertidumbre

en la ausencia de cielo
rompen el aire
las raíces del abandono

quien dice elegías de mí
dice
> larva sin moscas
> silla sin liendres
> biblia sin plagas

vendrán ciervos

.

adonis:
m. med. falta de dolor

[1] antes del cuerpo
  células incrédulas
  chasquean

[2] la belleza es
  desacuerdo
  ejercitar la úlcera

[3] la belleza es
  buscar la sed
  a escondidas

los padres sostienen flores blancas —blanquísimas—
y reciben al hijo en la puerta

llega acunando una cicatriz
            es una rosa bañada en oro

aquello destruye la niñez de los padres
descubren que no todo lo que reluce es agua

Coming home untransformed.

JOHN BURNSIDE

pronto anidaré bajo el tejado de mi casa
mi madre ablandará el barro
golpeará en el resquicio
el hambre del recién nacido
desmentirá que el hijo ha vuelto
con otro cielo
tras el deleite de la cena bien servida

mi madre cumple tres meses
mi abuela la sostiene joven y católica
posa en el valle de los caídos

pero mi madre no
a ella no le importa la inmortalidad
solo la asfixia de los encajes blancos
y de las tumbas

        yo también llevo hoy el crucifijo
        de la madre de mi madre
        ella vive pendiendo de mí

heroicidad   dejarse caer
                huir de estas manos
                hacer hogar de la piedra materna

mi madre se ha llevado muchas decepciones en
la vida[1] la última sostener manos en hospitales
madre sin madre en el río verde de baldosas azules
mientras espera la muerte enciende la televisión hay
un documental sobre los ciervos del parque nara
engordan comen galletas para humanos que *cómo se
va a vender ese piso sin ascensor* mi abuela dice del suero
borbotea turbosina a sus ojos suben las palpitaciones
ya se puede ir a su casa no tiene casa los cerezos son como
las manos de mi abuela rosas rencorosas en flor abajo
un proverbio japonés *cuando llega la estación de los hijos
los padres se convierten en eterno invierno* dice mi madre lee
mi madre con el diafragma abierto exhala
exhalar qué

[1] Una de ellas fue
el libro que le presté
para matar las horas
en el hospital: *Esperando a Godot.*

abuela   no hay venas

rezas a san antonio
para hallar abrir el cuerpo
órganos cruzados
ooohhh   siempre fui distinta
la ceguera bajo palio epitelio
la sangre bajo palio epitelio
desdramatizar lo oculto
no saber fluir adónde
de la cefálica a la basílica a la ?

señora
hemos tenido suerte
hemos encontrado una vena

mi abuelo lleva diez años

a) manteniéndose en pie como princesa la yegua negra
   que teníamos en valdelimones siempre en un
   ejercicio agotador de resistirlo todo el cansancio
   la indigestión la oscuridad del establo y seguir ahí
   de frente besando el ronzal

b) durmiendo en un sillón su cuerpo intuye que si se
   reclina se muere

c) ocultando las piernas porque
   shhhhhh

de mi padre recuerdo los animales
    no llenes de piedras el estómago de las gallinas
    no te acerques al caballo sin que pueda verte
    escucha la primavera en el zorro
   recuerdas cuando te caíste ante los ojos de la serpiente
       eran espirales   una nada
por los animales decía existe mi padre
en sus manos las fibras rotas de la fauna
tejen mi estimado mundo

sobre el mostrador de la carnicería
una cabeza   no es la mía
pero el reflejo de mi padre la observa
     la muerte pesa con el cansancio
     de consolar al hijo que no come

si hubiera probado aquella cabeza
hoy podría hablarte
del sabor del último pensamiento[2]
verde
almidonado
te diría que los ojos del animal aún se detienen
a mirar el último recuerdo
     ¿dónde estoy yo en esta carne?

papá
¿por cuál de todas esas cabezas
cambiarías la mía?

---

[2] Aquí pienso
en la vez que me disteis a probar
cerebro de cordero.
Según los médicos en los noventa,
hacía a los niños más inteligentes.
Durante el primer error de los padres
se llora una pérdida.

yo tenía un caballito balancín[3] chiquitito como los cristales que pisas y no están pero duelen con sus canicas así mirándome con amor no comía no bebía servía para surcar diez centímetros de patio un balanceo y volver qué rápido qué desilusión asomarse así a las cosas me inclino de nuevo y mira ahí está carlos omeya bajo el arco conopial pidiendo la mano de matilda la fuente las abejas chillando entre las flores no me dejan oír incitatus qué ha dicho matilda sus labios saben a iglesia *in nomine patris et filii et...*

---

[3] Incitatus: así llamó el emperador Calígula a su caballo preferido. Fue el primer animal en protagonizar una *performance* política.

mi hermana juega con sus órganos
los esparce por la tierra negra
ha dejado un bodegón de uñas nueces
y el verano hace el resto
la marea se lleva sus deditos lejos hacia el horizonte

lanza sus manos y se desmoronan en el aire
y la miro como un perro
buscando una fisura en la costa
espero paciente rastreo
para unir todos sus restos en silencio

me pregunto qué animales inventaría con su cuerpo
qué sería yo si sus dedos brotaran de mi frente

las manos de mi hermana muerta
son astas de ciervo
y dan sombra a mis ojos

vendrán ciervos
a acallar la umbría de las casas opresoras
vendrán ciervos
llenos de candor amarillo
embestirán puertas
decorarán umbrales con candelabros y dalias
vendrán a liberar niños
a decir que es bastante lo que hacen
yo los vi echar raíces en mis córneas
me dijeron
amarás
comerás
vivirás hasta que te sacies

los ciervos intuyen bien
hay una lumbre animal
que redime los gritos cuerpo

tengo un hijo

he inventado la familia
pero no las peras ni los duraznos

la fruta sigue balanceándose
sin saber que la muerte es rodar
revolverse en la tierra eternamente

no he dicho ninguna rama sin enfermedad
y sin embargo
podría decir un hijo
arrancarlo de raíz
encontrarlo peleando lombrices

ser padre es cavar lo escrito

mira
hijo
desde la ventana abrirás el trigo
verás el zumo del aguijón en punta y dentro
                                    el mar
verás el mar aunque desde este hogar
no se hable de tus ojos
yo ya te contaré el verano   crisálida de infancia
vendrán de la sal tu cuerpo y el mío a encontrarse
jugando te regalaré conchas manos en flor
        toma mezcla sangre tierra
        el hueco de estos cristales
nacerás así
de todos los vientres un fragmento tuyo

la lección es   no hay más que la distancia del águila
                     a la oruga

el resto
lo que hay más abajo   más arriba
es mi boca que te circunda
y más allá de la palabra en la que te pronuncio
no hay nada   solo mundo
mundo solo de padres solos

te advertí
que amor verdadero es
recoger una manzana pensando
en tu cuerpo obstruido
premeditar la mala digestión de la semilla
las ramas eternas creciendo sobre tu vientre
ser padre así
queriendo alimentarte

cocinando se premedita el hijo

le falta sal
no se comerá la cebolla
se manchará la ropa nueva

volcar sobre el suelo de la cocina
toda la ilusión
regar la tierra
con el caldo de la impaciencia

pero no se premedita el poema

se acuna el amargor   de mover la casa

se apremia a los juguetes   *explicad heridas*[4]

escribir es fabricar otra verdad entre dientes
por ejemplo

la oruga orada
el alabastro

[4] Los míos cuentan
cómo Escipión el Africano
derrotó a Aníbal.
En la Batalla de Zama,
una bandada de elefantes
voló en dirección contraria.

jugar es poder arrepentirse
levantarse vivir otra vez
pensar
basto yo sobre todas las cosas

mi hijo clava
una espiga blanca
en el misterio de la orilla

el verano no le pertenece
pero conforta

te pienso
en tierna metáfora
como la jaula piensa en áfrica
cuando el pájaro emigra

¿estará dios en mi casa
el pobre hombre
rompiendo células
como las ballenas rompen olas
o mis manos la edad de mi hijo?

antes de irme a dormir
me despido del hijo
que nunca tendré[5]
beso su imagen
toda la santidad de no haber nacido
alumbra mi cama
y le agradezco
que me lleve a la montaña

[5] En una carta a su amante y hermana,
Carlos Omeya gritó:
«¡Oh, dulce Matilda,
si supieras que un hijo no es una promesa…
es un cofre que no se abre!»

digo ciervos porque

sienten el peligro y dejan atrás a las crías muertas un
brochazo en la hierba ellas no piensan en la genética
del padre sino en la leche el regusto de la mañana
ahora el estomaguito está esparcido sobre una flor
triturado como néctar qué color tan curioso pienso
veo la víscera en la flor la recojo en el yard qué tiene
este pétalo no será el desecho de una infancia creo que
los ciervos son como las coliflores huelen a ausencia
de madre yo no quisiera ser un hombre sino un pelaje
y su miedo su miedo
su miedo

confieso que un día me enfadé mucho arrasé contra el cenicero la olla cocinada el hermano el padre la abuela el abuelo la madre ¿la madre? se quedaron como una hiedra abrazados enredados me miré en las gotitas de sus ojos tan tierno y recordé al cervatillo aplastado en el jardín de rosa parks y a la madre lejos atiborrada de hierba

y yo rencoroso porque qué hacía ahora con mi vida
con esta cierva esta madre olvidadiza este animal que
no habita

y a ver dónde pongo esta flor en mi casa

morir es encostrar el universo
en una uva

a punto de estallar

una herida de cornamenta
desvela que la carne desgarrada
cuenta nada
que las flores son
palabras desdobladas
que el viento es
una cosa sincera
y la muerte
un cuerpo que confía

has visto la fragilidad de la vida
en el cernícalo llevando la arteria al nido
has visto que la gente no se esfuerza
en reanimar al niño desangrado solito en el bosque

¿sabes si está muerto?
desde arriba veo árboles y perlitas de sangre
su cuerpo adherido al sol

el niño despierta sobre un charco
habita el artificio del universo aquí
flotando en el lenguaje que ha querido

pide perdón por todas las cosas
   la palabra
   y especialmente lo de su hermana
   la flor de rosa parks
   decir ciervo no vaca

desaparece ciego no invisible

su cuerpo triangula

crisálida cornamenta

cruzada luz sobre él

las astas

dos cicatrices
panes alambrados
herida elevada levadura
ascensión   a los cielos

altares trenza

alma encriptada sobre cuerpo inhábil
resurrección

zarza en los huesos

para qué el cuerpo

hasta cuándo mi madre

yo hacia dónde

un muerto siempre es
un muerto

hasta que se pregunta

el ciervo es pan en flor
aleteo en el estómago
alivio en el útero

miro dentro

entiendo que el cuerpo es una posibilidad amable

sobre la superficie
glasea un instante de vida
maraña de geometrías y certezas

reconozco esta larva

limitada felicidad inabarcable

Índice

Agradecimientos

Escribir es leer primero a otrxs con generosidad y confabular juntxs sobre los mundos que despliegan los libros. *habitan ciervos* existe porque descubrí el ejercicio de «tallerear» y el impacto de la amistad en la escritura. Gracias a Carolina Sánchez: todo comenzó cuando descubrimos aquellos cervatillos desde tu ventana mágica, entre Adelaide Gardens y el río Raritan. Los talleres de Natalia Litvinova, Oriette D'Angelo y María García Zambrano sostuvieron una luz fija en la oscuridad de mi bosque, día tras día, mientras rastreaba huellas de niños y ciervos en la tierra mojada. Gracias a la lectura, aportaciones y amistad de Blanca Berjano, Alba Moon e Irene Torra; el poemario se reescribe y renace con sus miradas, la admiración mutua y cariño infinito. Gracias a mis padres y a mi hermano Toni, y a la amistad de las brigadistas Carolina, Katia y Sara, David, Andrea, Noelia, María, Julia, Alba y Antonio. Están, y eso es extraordinario y tierno. Y a Sara y a Adolf: sois el lugar al que me conducían todos los ciervos. Mi amor y mi infancia están en la perlita de agua que pongo en vuestras manos.

Pero aprenderás a tenerme en cuenta
y aprenderás a sobrevivirme.

Michael Alden Hadreas

Septiembre | 2024 | Sevilla

ISBN 978-84-126927-7-8